AF227449

27

n 16482.

ACTES

DE LA VIE ET DU MATYRE

DE

SAINT PONS

Tirés du *Nicœa civitas, auctore Giofredi*

et traduits du latin

Par Monsieur L'ABBÉ (***)

du diocèse de Valence.

Il faut savoir que ceux-là seuls célèbrent, en vérité la fête des saints, qui s'appliquent à les imiter. Leurs solennités sont des exhortations, et nous ne devons pas suivre à regret ce que nous célébrons avec joie. Quiconque refuse de suivre les exemples des saints, selon son pouvoir, renonce par là même à jouir de leur béatitude.

SAINT AUGUSTIN.

Vendu au profit de la chapelle, dédiée à ce saint, à Condorcet (Drôme)

Imprimerie de Nyons.— Bonnardel, gér.-propr.

1864.

Toute reproduction est interdite.

VIE ET MARTYRE DE S^T-PONS

MARTYR DE CIMÈLE ET, SELON QUELQUES UNS,

ÉVÊQUE DE CETTE MÊME VILLE

St-PONS, membre illustre de la noblesse romaine et issu d'une famille sénatoriale, eut pour père Marcius et pour mère Julia, tous deux païens. Mariés depuis plusieurs années, ils éprouvaient une inquiétude profonde de se voir sans enfant. Enfin, après 22 ans d'attente, la Providence rendit à Julia la fécondité, et lorsque, après l'espace de neuf mois, le jour de l'enfantement fut arrivé, elle mit au monde un bel enfant, auquel son père donna le nom de Pons, surnom de la famille. Il fut élevé avec grand soin dans la maison paternelle, et quand il eut revêtu la robe prétexte (1), on l'entoura des meilleurs maîtres, sous la direction desquels ses progrès furent si grands qu'il surpassa par son savoir tous les jeunes nobles de son âge. Il était doué d'une mémoire si prodigieuse qu'il apprit par cœur tous les écrits des philosophes et les mille systèmes des sages de l'antiquité!

Un jour, s'étant levé dès l'aurore, il se rendait comme de coutume chez son précepteur, lorsque, chemin faisant, il entendit quelque part une assemblée de chrétiens, présidée par le Pape St-Pontien, chantant les matines et disant avec le Psalmiste-Roi : « *Deus autem noster in cœlo, omnia quœcumque voluit, fecit. Simulacra gen-*

---

(1) Robe bordée de pourpre que portaient les enfants de qualité à Rome.

tium, argentum et aurum. Ce qui veut dire : Pour nous, notre Dieu est dans le Ciel, et tout ce qu'il a voulu il l'a fait. Les idoles des Gentils sont simplement de l'or et de l'argent. »

St-Pons qui n'avait jamais entendu parler des chrétiens, entendant ces chants et ces paroles, s'arrêta, saisi d'hésitation, roulant en silence dans son esprit le sens de ce qu'il venait d'entendre. Ce jeune noble, si avide des sciences divines et humaines, venait de recevoir la plus délicieuse des leçons ; car Dieu ne nous demande que la liberté d'opérer en nous le bien ; et le royaume des cieux arrive toujours à ceux qui le cherchent. Aussi Pons, soupirant profondément et les yeux baignés de larmes, tendit les mains vers le ciel en s'écriant : « O Dieu, dont ceux-ci chantent les louanges, « fais que je te connaisse. » Aussitôt et comme s'il savait déjà ces paroles de l'Evangile : *Frappez et l'on vous ouvrira*, prosterné à la porte de la maison où se faisait l'assemblée des chrétiens, il frappe avec instance. Quelques chrétiens, l'apercevant du haut des fenêtres, dirent au pape St-Pontien : « Père, un jeune homme est à la porte, frappant avec force et demandant à rentrer.» Le Pontife, connaissant par une révélation supérieure, quel était et quel serait cet enfant, répondit : «Ouvrez, « et laissez-le venir au milieu de nous, car il est de « ceux à qui appartient le royaume des Cieux. »

Quand les portes s'ouvrirent, Pons, laissant-là les maîtres d'école, rentra dans le temple avec un autre jeune homme du nom de Valère. (Ce Valère est celui-là même qui, d'abord condisciple de St-Pons et plus tard compagnon de ses voyages et de ses peines, écrivit les actes de la vie et du martyre de notre Saint). A leur rentrée, apercevant le Pape St-Pontien revêtu des habits sacerdotaux, et les chrétiens assistant avec le plus religieux silence aux mystères sacrés, ils se tinrent à l'écart jusqu'à ce que les divins Offices fussent finis. Alors Pons, se jetant aux pieds du Pontife, lui dit avec larmes : Mon père, enseignez-moi, je vous prie, ce chant que j'ai entendu tout-à-l'heure, tandis que je passais par le chemin : *Deus autem noster in cœlo, etc., etc.* Le Pontife, voyant si bien préparé ce champ qui devait plus tard porter des fruits au centuple, saisit avec bonheur cette occasion et lui montra la vanité des simulacres païens, la sottise des Gentils qui les adoraient et la vérité du dogme chrétien de l'Unité de Dieu. L'enfant, trouvant ces choses parfaitement raisonnables et leur donnant un plein assentiment, répondit en ces termes : « Oh ! il est bien vrai que, jusqu'à aujourd'hui, nous avons honoré des dieux vains et ridicules, puisqu'il y a au Forum et au Capitole autant de dieux divers qu'il y a de choses à notre usage, ou de choses nommées. Ce ne sont bien que des dieux fabriqués par des ouvriers avec de la craie blanche, du bois ou du métal ; des dieux qui non seulement ne peuvent protéger les autres, mais qui ne savent même pas se défendre eux-mêmes contre les voleurs. » Le saint Pape était plein d'admiration en entendant de la bouche de cet enfant sortir de si belles louanges pour le Dieu des chrétiens. Il lui prit les mains et le pressa de s'asseoir ; mais l'enfant, doué d'une grande ingénuité et d'une profonde modestie, refusa par respect. Le saint Pontife lui demanda alors s'il avait encore avec lui ses parents. Pons répondit : « Il y a à « peu près deux ans que ma mère a quitté la vie, mais « mon père, vieux et brisé, vit encore et n'a que moi « pour enfant. » — Est-il chrétien ou païen votre père, demanda le Pontife ? — « Il est l'adorateur des Idoles, répondit l'enfant, bien plus il est le plus zélé des Romains, et il n'a jamais assez d'or ou d'argent pour l'achat des victimes qu'il immole aux faux dieux. » — Ne doutez pas, mon enfant, répliqua le Saint-Père, que le Dieu qui a si facilement éclairé votre cœur, ne puisse dans sa bonté guérir la perversité de votre père, et lui faire acquérir la vie mortelle. Quant à vous, mon fils, confiez-vous à moi, croyez au Christ et recevez le baptême régénérateur qui vous donnera d'éviter les ardeurs du feu éternel. »

Le jeune Pons ayant répondu que c'était-là son plus ardent désir, le Pape, selon les règles canoniques, lui enseigna le catéchisme environ l'espace de trois heures, l'instruisant, ainsi que son ami Valérien, de la Foi et des préceptes chrétiens. Pons demandait d'autant plus vivement le baptême qu'on le différait davantage. Quand le Pontife les eut renvoyés, ils sortirent pleins de joie, se félicitant mutuellement. Chaque jour ils revenaient auprès du saint Pape, pour entendre encore ces belles vérités qu'ils avaient entendues d'abord. En attendant, croissaient en eux et l'honnêteté dans les mœurs et le zèle dans la Foi. En sorte que, bien qu'ils fussent encore au nombre des Cathécumènes (1), déjà s'était accomplie en eux cette parole de l'apôtre : « Là où abonda l'iniquité, abondera la grâce. » *Ubi superabundavit iniquitas, ibi superabundabit et gratia.*

Or de temps en temps, Marcius, le père du jeune Pons, demandait à son fils s'il avait appris de ses maîtres quelque chose de nouveau. « Jamais, répondait l'enfant, je n'ai appris meilleure leçon que hier et aujourd'hui. » Le père, plein de joie, s'attendait alors à ce que son fils discourût devant lui sur les différents systèmes des philosophes ; mais le jeune Pons ne cherchait qu'une bonne occasion pour faire connaître à son père ce qu'il avait appris lui-même de Saint-Pontien, et de lui découvrir l'inanité de ces dieux qu'il honorait avec tant d'ardeur. Un jour, ne pouvant plus retenir l'Esprit qui parlait en lui. « Bon père, dit-il, j'ai en-

---

(1) Catéchumène, celui que l'on dispose au baptême en l'instruisant.

tendu dire à un grand nombre que les dieux que nous servons avec tant de zèle, sont vains et sans puissance, pure invention humaine, travail des ouvriers et vraies marionnettes, ne possédant aucune faculté, comme nous pouvons l'éprouver et l'expérimenter nous-mêmes. En effet, bien que notre maison en soit remplie, ils n'ont jamais donné signe de leur présence et de leur pouvoir bienfaisant. » A ces paroles, le père s'emporta et tout bouillant de colère, il s'écria avec fureur : « Pourquoi jettes-tu une aussi sacrilége injure à la face de mes dieux ? Donc, seuls entre tous les Romains nous vivrons sans dieux et sans sacrifices ? Au contraire, répondit le jeune Pons, à moins qu'il ne vous en coûte de les imiter, car ils sont très-nombreux à Rome ceux qui offrent des libations et des sacrifices au seul vrai Dieu. » Où sont-ils ? répondit Marcius, ces vrais adorateurs de Dieu. « Permettez que je sorte, répliqua l'enfant, et que je vous amène un très-saint homme qui vous montrera toutes choses dans l'ordre. » Son père lui ayant accordé sa demande, il courut conter tout cet entretien à son ami Valère en lui répétant ces paroles de l'Ecriture : *Hæc est mutaio Dexteræ Excelsi*; ce changement est l'œuvre de la droite du Très-Haut. Puis il se hâta vers la demeure du Pape Pontien, lui raconta tout ce qui s'était passé, et plein d'une sainte foi, l'introduisit dans la maison de son père.

Dès que le St-Pape eut fait comprendre à Marcius la vérité de la foi chrétienne, le cœur de ce bon père, secondé du secours divin, s'ouvrit à la foi. Il crut, ainsi que tous les gens de sa maison, et plus tard ils furent tous régénérés dans le saint baptême, savoir : Marcius, le père, Pons le fils, son ami Valère et tous les domestiques de l'un et de l'autre sexe. Et quand l'eau sainte eut purifié tous ces fronts par le ministère du Pontien qui les avait tous instruits lui-même dans la foi, toutes ces idoles, dont le nombre encombrait la maison, furent brisées et broyées par leurs mains devenues chrétiennes. Peu de temps après, Marcius, le père de Saint-Pons, mourut et alla jouir de la vie que lui avait procurée la piété de son fils.

Pons, âgé de 18 ans, fut conduit six jours après dans le sénat malgré lui et ses répugnances, et là il fut revêtu de la même dignité préfectorale que son père. Dans cette nouvelle position il sût se rendre agréable à tous par sa prudence, sa douceur et l'aménité de son caractère. Or, tandis que le nouveau Préfet Pons s'appliquait de toute son âme non moins à pratiquer les vertus chrétiennes qu'à bien régler l'administration de la ville de Rome, mourut en l'île de Sardaigne, où il avait été déporté par ordre de l'empereur Alexandre, le pape saint Pontien. Lorsque après Anthère, Fabien eut été élu Pape, Pons entra avec lui en si grande intimité, dans un accord si complet, qu'il lui confia le soin de distribuer aux pauvres et aux chrétiens tous les biens qu'il tenait de son père Marcius. Et non seulement Pons était chéri du pape Fabien, mais même des Empereurs Romains. Ceux-ci étaient alors, si l'on en croit l'historien saint Aurélius Victor : Marius, Jules Philippe dit l'Arabe, et son propre fils Caïus, nommé sur les médailles antiques des mêmes noms que son père. Ils régnaient en même temps et, grâce à saint Pons, ils furent les premiers empereurs augustes qui embrassèrent la foi et courbèrent leur front sous l'empire du Christ.

C'était la troisième année de leur règne, 999me depuis la fondation de Rome et la 249me de Jésus-Christ, des jeux séculaires devaient être célébrés pour rendre grâces aux dieux de l'heureux achèvement du dixième siècle. On devait offrir de solennels sacrifices et immoler de nombreuses victimes. Pons, Préfet de Rome, fut invité avec supplications à présider à ces jeux qu'aucun des préfets de Rome n'avait vus ni ne reverrait. Mais Pons qui ne rendait gloire et honneur qu'au seul vrai Dieu, présentait diverses excuses pour éviter d'être présent et d'assister aux sacrifices. Et comme très-souvent les empereurs eux-mêmes le pressaient de se rendre à cette invitation, Pons, saisissant l'occasion que lui offrait la Providence, leur répondit : « Très-pieux empereurs, puisque vous n'ignorez pas que la puissance vous vient de Dieu, pourquoi n'inclinez-vous pas vos fronts et n'offrez-vous pas des sacrifices de louange devant celui-là seul qui vous a accordé l'honneur de l'empire? » L'empereur Philippe, le père, répliqua : je veux volontiers offrir un sacrifice au grand Jupiter qui m'a donné le souverain pouvoir » A quoi le B. Pons répondit en souriant : « Ne vous abusez point, prince, il y a un Dieu dans le ciel qui, par un seul mot de sa providence, a fait toutes choses et nous a appris toute vérité par la grâce de son Esprit. » Que veux-tu dire? Répliquèrent à la fois les deux empereurs. Nous ne voyons pas du tout où tu veux en venir?« Eh bien, leur demanda le jeune Pons, est-ce que Jupiter a toujours existé? »Non, répondirent-ils: avant lui régnait Saturne, son père, qui, pendant l'âge d'or de l'Italie, gouverna fort paisiblement. » Bien, dit Pons, et quand il était simplement roi de l'île de Crète, est-ce que l'Italie n'était pas habitée? Et si elle avait des peuples, ces peuples étaient-ils sans Dieu? Très-pieux César, ah! que ces œuvres de pierre et de bois, travail de l'ouvrier, ne vous abusent pas davantage. Il y a un Dieu que vous ne connaissez pas; c'est lui qui est le père, le Créateur et la Providence du monde. C'est lui qui, avec son fils et son esprit saint, préside et pourvoit à tout ce qui vit sur la terre. » Et comment, répondirent à la fois les deux Philippe, comment oses-tu dire qu'il est seul Dieu puisque tu parles de son fils? »

Alors le préfet Pons, saisissant cette belle occasion d'entrer dans de plus amples enseignements, expliqua aux empereurs Philippe l'ineffable mystère de la Trinité, de l'éternité de Dieu, la création du monde, la chute de l'orgueilleux Lucifer, la tentation et le péché de notre premier père, l'humble visite à l'humanité du Christ rédempteur, ses œuvres miraculeuses, sa résurrection après une mort terrible, son ascension à la droite du Père, les divins commandements de la loi chrétienne, les récompenses réservées aux bons et les supplices éternels destinés aux méchants. Pendant qu'il leur montrait ces choses, son esprit était si plein d'une céleste ardeur que, Dieu aidant, les deux empereurs ne cessèrent de le supplier de vouloir bien, l'occasion opportune étant donnée, leur faire un discours sur la foi qu'ils devaient donner à toutes ces belles vérités qu'ils venaient d'entendre pour la première fois. A partir de ce jour, ils s'abstinrent de paraître aux sacrifices des idoles; toutefois ils permirent de célébrer avec grand apparat les jeux séculaires. Pendant ces jeux, les chrétiens étaient remplis d'une double joie. D'abord ils étaient heureux de ce que, par les soins du B. Pons, les Césars de Rome s'étaient convertis; ensuite ils se réjouissaient dans la pensée que le siècle qui s'écoulait avait fini d'une fin heureuse et fastique, pendant que le siècle naissant s'inaugurait sous les auspices du Christ.

Aussitôt après cette rencontre avec les deux empereurs, le préfet Pons se rendit à la demeure du Souverain-Pontife Fabien auquel il raconta l'heureux entretien qu'il venait d'avoir avec les Césars Philippe. Le Saint-Père, entendant ces merveilles, rendit grâces au Dieu bon, père de tous les biens et distributeur de tous les dons. Le lendemain, accompagné du Préfet, il se rendit à la Cour des Empereurs, et après avoir terminé l'instruction cathéchistique commencée par le

B. Pons, il les initia tous les deux aux mystères chétiens en leur conférant le saint baptême. (D'autres écrivains disent que les empereurs Philippe, craignant que leur conversion n'excitât du tumulte parmi le peuple, sortirent furtivement de Rome, firent voile pour les côtes supérieures de l'Italie et furent baptisés à Nice par St-Pons lui-même.) Il ne serait pas facile de dire combien fut grande la joie des chrétiens; combien furent magnifiques les actions de grâce qu'ils adressèrent à Dieu, quand ils apprirent que les Césars de Rome, autrefois si ardents à poursuivre la foi des chrétiens, étaient devenus les plus humbles sujets du Christ; quand on leur annonça surtout que, par l'ordre de ces mêmes empereurs, conseillés par St-Pons, le pape Fabien et notre saint, étant entrés dans ce même superbe temple de Jupiter qu'avait visité Julia alors qu'elle portait dans son sein l'enfant qui devait être St-Pons, en avaient jeté à terre toutes les idoles et ordonné la destruction totale; quand on leur apprit que, dans le même temps qu'on renversait les temples des faux dieux, on élevait partout au contraire des églises au Dieu des chrétiens. Alors, un grand nombre de personnes de l'un et de l'autre sexe, tant de la noblesse que du simple peuple, demandèrent à recevoir le baptême, et, grâce, au zèle de St-Pons et du pape St-Fabien, le christianisme jeta de profondes racines à Rome et pendant les 5 ans (ou les 7 ans suivant Jornandès), du règne des empereurs Philippe, le nombre des chrétiens s'accrut d'une manière étonnante.

Mais Dieu voulant que, comme l'or est purifié par le feu, son église fût éprouvée par les persécutions, permit la chute et la mort des empereurs Philippe par la main du perfide Dèce. L'un fut immolé à Vérone et l'autre dans Rome même. Après l'empereur Dèce, Gallien et son père Valérien usurpèrent l'empire et, pour se rendre les dieux propices, ils firent publier par l'univers entier de cruels édits par lesquels ils vouaient à la mort tous les chrétiens; et non seulement tous les chrétiens, mais encore tous les païens, adorateurs des idoles qui ne dénonceraient pas immédiatement aux magistrats les chrétiens de leur connaissance. Cette persécution terrassa d'épouvante l'Eglise qui avait joui d'un si doux repos sous le règne des empereurs Philippe. Elle atteignit particulièrement le préfet Pons qui, poursuivi par la haine des prêtres des faux dieux depuis le jour qu'il avait ordonné de renverser les temples des idoles, ne put trouver de retraite plus sûre que Rome même. Toutefois, craignant d'être obligé, au détriment de la foi chrétienne, de rester caché trop longtemps, il quitta les confins de l'Italie et se dirigea vers une ville située au pied des Alpes et nommée Cimèle ou Cimiès. Mais bientôt dans cette ville dont St-Pons avait été fait évêque, selon quelques historiens, arrivèrent par ordre des empereurs, le président Claudien et Annanius, députés dans les Gaules pour y surveiller l'exécution des édits impérianx contre les chrétiens. Dès leur arrivée, ayant appris qu'un certain Pons, ancien préfet de Rome et actuellement chef chrétien, jouissait dans la ville d'une pleine liberté et attirait à la religion du Christ un grand nombre des habitants, ils allèrent au Forum (place publique), s'assirent sur le tribunal des juges et mandèrent qu'on le leur amenât sur-le-champ. Quand il comparut le président Claudien l'interpella ainsi: « Tu es bien ce Pons qui excitas une sédition dans la ville de Rome, et à cause de cela as encouru la colère des empereurs? » Le B. Pons répondit: « Je n'ai insurgé personne; je n'ai rien renversé, mais j'ai tâché de convertir au seigneur vrai Dieu les esclaves du démon. » Le Président répliqua: « Les princes Valérien et Gallien, mes maîtres, sachant que tu es de famille noble, ont ordonné que tu sacrifies aux dieux, sous peine d'être livré à toutes

sortes de tortures. » Le B. Pons répondit : « Je ne sacrifierai pas, car je suis chrétien. » Réfléchis bien, dit le
Président, car tu risques ta vie et ta fortune. Le saint
Martyr répondit : « Mon conseiller, c'est le Christ ; si je
perds ma fortune terrestre pour le Christ, j'acquiers un
bien éternel par lequel je jouirai, non d'un bonheur
terrestre, mais d'une joie divine avec les anges de
Dieu. » Alors le président Claudien lui dit : « Que me
contes-tu là ? Ou sacrifie aux dieux, ou je te fais écar-
teler dans d'horribles tourments. » Le B. Pons répondit :
« Je vous ai déjà dit que je suis chrétien et que je ne
sacrifierai jamais aux démons. » Alors le Président le
fit charger de chaînes et conduire en prison, puis il
écrivit aux empereurs la lettre suivante :

Aux très-pieux invincibles triomphateurs et toujours
Augustes Seigneurs, Valérien et Gallien, empereurs,

Nous, vos serviteurs, à notre entrée dans les Gaules,
avons trouvé Pons qui troubla jadis la ville de Rome et
en renversa les temples des dieux. Nous l'avons trouvé
dans sa fuite toujours désobéissant à vos ordres ; et
comme il était un des principaux sénateurs de votre
ville, nous l'avons fait enfermer en prison, jusqu'à ce
qu'il vous ait plu nous faire connaître votre délibération
à son égard.

Les Empereurs répondirent au Président que, si Pons
refusait d'obéir aux ordres des Césars, il avait pouvoir
de faire de lui ce qu'il entendrait et de le mettre à mort
par n'importe quel supplice. S'étant donc fait amener
Pons, Claudien lui fit connaître la réponse qu'il avait
reçue des Empereurs et il l'exhorta avec instance, à
plusieurs reprises, pour l'honneur de son ordre (séna-
torial), d'abandonner le culte du Crucifié et d'embrasser
l'antique religion des dieux en offrant de l'encens sur
leurs autels. Mais comme le bienheureux Pons refusait
énergiquement ; que bien plus il ne cessait de démontrer,

avec courage la vanité des idoles et la vérité de la foi
des chrétiens, le Président, rouge de colère, appelant
les licteurs (soldats), leur ordonna de lui infliger tous les
genres de tortures qu'ils appliquaient d'ordinaire aux
chétiens accusés : le chevalet, les torches ardentes, les
tenailles, les crochets armés de pointes, les verges, les
scorpions (machines), tout fut employé contre le saint
Martyr. Enfin on le replaça sur le chevalet, machine
terrible qui disloque tous les membres en brisant tous
les nerfs.

Pendant ce temps, le Président Claudien disait avec
une ironie satanique : « Maintenant je vais voir si ce
Christ, en qui tu as placé ton espérance, pourra te déli-
vrer. » Mais Pons répondait : « Quoique ton incrédulité
arrête la puissance de mon Dieu, moi, je me moque
de tous les supplices que tu multiplies contre moi ; et
j'espère qu'avec l'aide de Dieu tu ne pourras faire en-
durer à mon corps aucune douleur. » Le saint achevait
à peine ces paroles que le chevalet sur lequel l'avaient
lié les soldats et qu'ils s'efforçaient de tirer en sens
opposé, se rompit tout-à-coup avec grand bruit et fut
réduit en mille morceaux ; tandis que les assistants
pleins d'effroi, tombèrent sur le sol frappés d'une horrible
stupeur. Mais le B. Pons, plein de joie et de vigueur,
leur reprochait d'avoir voulu éprouver sur lui-même
ce que peut le Christ pour ses serviteurs.

Claudius terrifié avait à peine repris ses sens, qu'un
grand nombre de païens, attribuant à la magie et non à
l'intervention divine ce qui venait d'arriver, vinrent lui
conseiller que Pons fut conduit à l'amphithéâtre pour y
être broyé et dévoré par les bêtes farouches qu'on y
entretenait. (1)

---

(1) Il existe encore à Cimiez, tout près de l'église de S. Pons (campa-
gne de Nice) un ancien amphithéâtre en ruine, qui est sans doute
celui dont parle l'auteur. (Note de M. Véran vre à Nice en 1860,)

L'illustre Martyr, environné de soldats, entra dans le cirque et fut enchaîné au milieu de l'arène (1). Aussitôt deux gardiens des bêtes et chargés de les stimuler avec des aiguillons, lâchèrent deux taureaux sauvages. En même temps, on mit en liberté deux ours d'une grandeur énorme et que l'historien Montbrizon dit avoir été pris dans les montagnes de la Dalmatie. On ouvrit leur cage à ces deux monstres comme pour aider les taureaux dans leur rage; mais, ô prodige! voilà qu'ils s'élancent avec impétuosité au milieu de l'amphithéâtre et sans faire attention au B. Pons, ils se précipitent sur les deux gardiens qu'ils déchirent et dévorent avec fureur presque jusqu'au dernier ossement. Puis, leur œuvre achevée, ils se dirigent vers le saint Martyr, se couchent à ses pieds qu'ils lèchent tendrement avec caresses. A cette vue, le peuple de Cimèle pousse de grands cris en disant: « Il n' y a qu'un seul Dieu et c'est le Dieu des chrétiens, celui-là même qu'adore le bienheureux Pons. » Mais le président Claudien, brûlant de fureur et de rage, ne comprenant pas cette miséricorde que le peuple réclamait avec tant d'ardeur, attribuait à la magie tous ces prodiges que Dieu opérait en faveur de son serviteur. Il ordonna donc de lier pieds et poings à Pons toujours immobile et plein de vie au milieu de l'amphithéâtre, de l'environner d'un grand tas de bois dur et de branches sèches. Puis, il fit mettre le feu à ce bûcher et bientôt il s'en éleva une flamme si puissante qu'elle dépassait la hauteur de l'amphithéâtre. Mais, ô miracle étonnant! quand le feu eut dévoré tous ces matériaux amoncelés et que la flamme se fut abaissée, on aperçut au milieu du bûcher le B. Martyr vivant encore; n'ayant éprouvé aucune atteinte du feu qui avait respecté jusqu'à ses vêtements et même sa chevelure.

---

(1) Place sablée qui formait le milieu du cirque.

A la vue de tant de prodiges, le président Claudien aurait dû, il semble, non seulement s'adoucir, mais même se convertir; mais son cœur s'était endurci dans l'opiniâtreté. Aussi, passant des menaces et des tortures aux promesses et aux flatteries, il dit au B. Pons: « C'est nous, Pons préfet et le premier des
» sénateurs romains, c'est nous qui aurions dû, loin de
» te juger, subir au contraire ton jugement. Allons, ne
» persiste pas dans ta première résistance, mais sou-
» viens-toi de ton ancienne gloire et de ta haute dignité
» de Préfet de Rome; obéis aux ordres des Empereurs.
» Voici tout près un vénérable temple d'Appollon, viens
» et sacrifie. » Le saint Martyr répondit: « Les dignités
» et les richesses d'ici-bas sont comme ces brouillards
» du matin qui cachent à nos yeux la terre, les mon-
» tagnes et le soleil, mais qui s'évanouissent au moindre
» souffle du vent; tandis que la gloire que je désire
» est éternelle. Quant à sacrifier, c'est mon corps lui-
» même que je sacrifierai à mon Seigneur Jésus-Christ;
» lui qui, jusqu'à présent, l'a gardé de toute souillure.
» Sur vous et sur vos maîtres les empereurs qui persé-
» cutez les serviteurs de Dieu, descendra bientôt la
» vengeance divine. Maintenant, quoique, jusqu'ici,
» mon Dieu ne t'ait pas permis de nuire à mon corps,
» va livre-le à tous les tourments que tu voudras. » Or,
dans l'amphithéatre s'étaient réunis non seulement les
païens mais encore les juifs; et quand ces derniers
eurent entendu les paroles du B. Pons, ils s'écrièrent:
« Tuez-le, tuez-le. » A ces cris sauvages le saint-
Martyr leva ses mains vers le ciel en disant: « Je vous
» rends grâce, ô mon Dieu, de ce qu'ils font entendre
» aujourd'hui pour moi ce même *crucifige* que leurs
» pères vociféraient sur le calvaire contre votre divin
» Jésus. »

Cependant Claudien, enflammé de colère, s'écria
d'une voix horrible, que c'était là jeter l'insulte non

seulement contre sa personne, mais encore contre la majesté des empereurs et que Pons était coupable de lèse-majesté divine et humaine. Alors, se levant, il prononça contre lui cette sentence : « Emmenez-le, coupez-lui la tête et du haut de ce grand rocher précipitez son cadavre. » (Ce rocher élevé c'est celui qui se voit encore aujourd'hui, et au pied duquel coule le Paillon venant du côté supérieur du monastère et en dehors des vieux remparts de la ville de Cimèle ou Cimiez ; et c'était sur ce roc qu'étaient exécutés d'ordinaire les condamnés à la peine de mort. Là, on voit encore les ruines d'une antique chapelle dédiée au B. martyr St-Pons, et, dans les environs, les débris d'une autre chapelle, tombée de vétusté et dédiée au martyr St-Aigon, autrefois retraite d'un abbé de Sérins.)

Donc, quand partis de l'amphithéâtre de Cimèle, on fut arrivé sur le roc, le bourreau coupa aussitôt la tête à St-Pons qui recueillit ainsi la palme du martyre.

Valère, son compagnon qui avait suivi toutes les péripéties de cet horrible drame, enleva secrètement le corps du saint et l'ensevelit tout près du lieu de son supplice, là même où fut bâtie plus tard une église sous le vocable de St-Pons à laquelle on ajouta, du temps de l'empereur Charlemagne, un monastère de religieux. (1)

NOTE DU TRADUCTEUR.

On lit dans l'histoire hagiologique du diocèse de Gap : « Charlemagne ayant été appelé vers les côtes de Nice pour les intérêts du royaume, Siagrius, fils de Carloman, y vint aussi ; mais, touché de la grâce, il résolut de se faire moine. Charlemagne, oncle de ce jeune prince, y consentit ; et, sur sa prière, il fit bâtir l'abbaye de Saint-Pons, de l'ordre de Saint-Benoit. Plus tard, les habitants de Cimiès et de Nice le tirèrent de sa solitude pour le placer dans la chaise épiscopale de leurs églises réunies. »

La tête du St-Martyr, comme le rapportent les historiens de sa vie, fut précipitée du haut du rocher et tomba dans les eaux du Paillon. Des anges, s'il faut en croire une vieille tradition conservée parmi le peuple de Nice, l'accompagnèrent portant à la main des torches ardentes, jusques sur les côtes de la Calabre, d'où elle fut rapportée, dans la suite des temps, dans le monastère de St-Victor à Marseille, où on la montre encore aujourd'hui à la vénération publique.

Saint-Pons fut martyrisé vers l'an de Notre Seigneur 261, le onze du mois de mai. Il fut enseveli le 14 du même mois, sous le règne des empereurs Valérien et Gallien.

La vengeance divine atteignit bientôt après les bourreaux de St-Pons, ainsi que le bienheureux Martyr l'avait prédit. Car le démon s'empara de Claudien et rongea sa langue maudite. Quant à Annanius, son assesseur, que d'autres appellent Anabius ou Anubius, les yeux lui sortirent de la tête et tombèrent en pourriture. L'empereur Valérien, vaincu dans une guerre par Sapor, roi des Perses, fut enfermé par son vainqueur dans une cage de fer et la division de l'empire romain sur plusieurs têtes tourmenta longtemps l'empereur Gallien.

Dans le martyrologe romain, la fête de St-Pons est indiquée au 14 mai, jour de la sépulture du saint. A Nice on fait cette fête le 11, jour de sa mort, au témoignage même de Baronius dans ses notes sur le martyrologe.

Dans le monastère de St-Pons on possède l'office

---

entier et propre de ce saint. A cause de son antiquité, nous en rapporterons les parties principales ; laissant de côté les autres notes critiques qui ne peuvent être d'aucune utilité pour le pieux lecteur, et dont la connaissance seule importe aux érudits qui pourront consulter le manuscrit latin, ou la traduction complète et intégrale que nous avons faite pour nous-mêmes et pour ceux que la critique peut plus ou moins intéresser. *Note du traducteur.*

Antienne du Magnificat.

O illustre martyr ! très-bienheureux Pons qui, par votre divine parole, avez amené au chemin de la vérité les princes de Rome, et qui jouissez dans la gloire des Cieux de la palme victorieuse que vous avez remportée dans les supplices des tyrans, nous vous prions que par votre aide nous soyons purifiés de nos crimes, afin qu'un jour nous puissions chanter avec vous un alleluia éternel.

Au Benedictus.

Athlète et saint-martyr Pons, soldat invincible du Christ, qui avez enduré les plus cruels tourments et qui êtes entré dans le ciel par la perte de la vie, vous qui refusiez des couronnes, qui fûtes sur la terre le conseiller de la patrie et qui êtes maintenant prince dans les cieux, purifiez-nous de nos péchés et obtenez-nous, par vos incessantes prières, de chanter un jour avec vous les louanges éternelles du paradis.

Oraison du jour de la Fête.

O Dieu ! qui nous donnez de célébrer dans cette solennité annuelle le martyre de votre serviteur le B. Pons, nous vous prions que, de même qu'il mérita, par sa constance dans les supplices à confesser votre saint nom, de recevoir la gloire de l'éternelle béatitude, nous parvenions, aidés de son patronage, au triomphe de la bienheureuse immortalité. Nous vous le demandons par N. S. J. C. (1)

Autre Oraison pour l'année.

Soyez-nous propice, nous vous en prions, Seigneur, par les mérites de votre saint-martyr Pons et des autres saints dont les corps reposent dans cette église, afin que, par leur pieuse intercession, nous évitions tous les périls et nous triomphions de tous les ennemis de notre salut. *Par N. S. J. C.*

Sur le tombeau en marbre de S. Pons, on lit cette épitaphe ou inscription : (1)

*Domino Karolo, Rege Francorum, et Langobardorum, Patricius Romanorum; Domino Sancto Pontio. Martyri Sub. Temporibus Imperat.........
advocatus. Ep. Is........instaurav......*

SOUS LE RÈGNE DE L'EMPEREUR
CHARLEMAGNE, ROI DES
FRANCS ET DES LOMBARDS,
PATRICE DES ROMAINS,
AU SEIGNEUR St-PONS,
MARTYR ETC. ETC.

Le reste étant d'un style peu châtié et passablement barbare, on peut difficilement en saisir le sens ou même le deviner. Le tombeau, érigé en forme de crypte, est au milieu de l'église.

---

(1) Le tombeau en marbre et l'inscription existent réellement dans l'église de saint-Pons, à Nice. Note de M. l'Abbé Véran.

Relique de Saint-Pons.

Après avoir satisfait aux pieux désirs des habitants de Condorcet, en leur procurant les actes du saint martyr que le ciel leur a donné pour protecteur et pour modèle, M. l'Abbé Véran, vicaire à la cathédrale de Nice, a eu encore l'extrême obligeance d'enrichir leur chapelle de saint-Pons d'une parcelle des reliques de cet illustre confesseur de la foi.

Voici ce qu'il écrivait à ce sujet, le 27 juin 1860 à M. Miellou, instituteur à Condorcet:

« Autorisé par Mgr. l'évêque de Nice, j'ai extrait d'un insigne reliquaire de notre cathédrale la parcelle des reliques de saint-Pons, que vous trouverez ici renfermée avec le certificat délivré par la chancellerie épiscopale qui en constate l'authenticité. Je suis flatté d'avoir fait une chose qui vous est agréable en vous procurant une partie, quoique minime, des restes mortels d'un de nos saints évêques et votre patron vénéré... Je serais heureux de participer aux prières que les pélerins de saint-Pons feront devant les reliques de ce grand martyr.

Pour le Chanoine Curé de la cathédrale absent,

P. VÉRAN, premier Vicaire. »

La précieuse parcelle a été déposée solennellement dans le sanctuaire de saint-Pons le 14 mai 1861, jour du 16ᵐᵉ anniversaire séculaire du martyre de ce saint. Elle est renfermée dans un beau reliquaire en cuivre, don pieux de M. P. Estève, de Lyon.

Que la mémoire du saint martyr soit en bénédiction, que ses os refleurissent dans son tombeau, que son nom demeure éternellement et qu'il passe aux générations futures avec la gloire qui est due aux saints.

Ecclé. 46, 14 et 15.

Prière à Saint-Pons.

Généreux martyr et illustre pontife, dont la vie a été une chaîne non interrompue de combats, de victoires et de prodiges, nous nous réjouissons de pouvoir aujourd'hui déposer à vos pieds le faible tribut de notre reconnaissance. Souffrez que nous unissions nos humbles hommages à ceux de tant de générations qui, depuis des siècles, viennent dans ce sanctuaire implorer votre puissante médiation et vous honorer comme leur charitable défenseur. Montrez-vous encore, envers nous, prodigue de cette vertu divine que vous avez daigné exercer avec une si grande bonté en faveur de nos pères, et que les ennemis de notre foi apprennent à respecter le culte que nous vous avons voué et la confiance inaltérable que nous avons en vous.

Offrez à Dieu les vœux que nous faisons pour l'église; pour son chef; pour le premier pasteur de ce diocèse, pour la propagation de la foi et la conversion des pécheurs; pour les familles et les individus; pour les pauvres et les affligés; en un mot, pour tous les fidèles. Obtenez-nous la grâce de persévérer jusqu'à la fin dans la pratique des bonnes œuvres.

Veillez sur cette paroisse, sur ce hameau et ces campagnes; éloignez-en les fléaux de la justice divine; obtenez de Dieu qu'il nous traite selon son infinie miséricorde; qu'il augmente en nous le don de la foi; qu'il éclaire notre intelligence; qu'il nous préserve des fausses doctrines qui répandent l'impiété, l'ignorance et l'erreur.

Apaisez nos dissensions, nos haines, nos désirs de vengeance; que la charité fasse de nous tous, vos enfants, une seule famille, où règnent la paix, l'union des cœurs et la plus douce fraternité.

Que l'espérance tienne nos yeux constamment fixés vers la céleste patrie, et que la vue de votre palme immortelle excite notre ardeur à partager votre couronne.

Vous êtes au comble de la gloire, et nous, nous gémissons dans la profondeur des ténèbres ; vous êtes au port, et nous sur une mer orageuse ; soyez donc touché de nos maux ; brisez nos chaînes ; affranchissez-nous de tout esclavage ; animez-nous dans les combats contre le monde et la chair ; soutenez-nous dans les épreuves ; que nos passions s'éteignent ; que nos vices soient détruits ; que les vertus germent et fleurissent dans nos cœurs, qu'elles y portent, par la grâce du Sauveur, des fruits de justice et de sainteté ; dirigez chacun de nos pas vers le terme où doivent tendre nos souhaits les plus ardents. Recevez-nous au sortir de cette vie, à vos côtés, dans les tabernacles éternels, afin que, réunis à vous, nous contemplions, sans voile et sans nuage, l'adorable Trinité, au sein de Dieu qui vit et règne dans les siècles des siècles,

Ainsi soit-il.

www.ingramcontent.com/pod-product-compliance
Lightning Source LLC
Chambersburg PA
CBHW071433030726

47594CB00006B/2712